JN409887

# 사랑을 묻는 그대에게

김춘경 시집

사랑을 묻는 그대에게

초판인쇄 — 2007년 4월 5일
초판발행 — 2007년 4월 10일

지 은 이 — 김춘경
펴 낸 이 — 장호병
펴 낸 곳 — 북랜드
110-999 서울 종로구 신문로 오피시아 1406호
대표전화 (02) 732-4574 | (053)252-9114
팩시밀리 (02) 734-4574 | (053)252-9334
편집주간 — 곽홍렬
책임편집 — 김인옥
영 업 — 최성진

등 록 일 — 1999년 11월 11일
등록번호 — 제13-615호
홈페이지 — bookland.co.kr
이 메 일 — bookland@hanmail.net



ISBN 978-89-7787-430-5 03810

정가 7,500원

감성을 일깨우는 사랑의 서정시

# 사랑을 묻는 그대에게

• • •

김춘경 시집

북랜드

| 프롤로그 |

# 사랑을 묻는 그대에게

사랑이 목마른 날,
외로움이 밀려오는 날에는
하늘에 편지를 씁니다

사랑이 무엇이더냐고
바보처럼 되묻는 물음 한 줄에,
저 강물 햇살이 비치면
강 섶에 자라난 들풀의 키만큼
그리움이 그림자지는 것이라고
대답 두 줄을 씁니다

쓰다 만 편지지 여백에
오그라든 명치끝이 아려 오면
그댄, 소리 없이 다가와
저녁 강에 별빛으로 반짝이다
달빛으로 스러지고,

먹구름으로 떠돌다가
강물을 적시는 찬비로 내려
주체할 수 없는 그리움을 덧댑니다
이것이 사랑인가 봅니다

사랑을 묻는 그대
그리움으로 답하는 그대와
서로 하나일 수밖에 없음은
우리가 함께 사랑한 까닭입니다
그것이 바로 사랑인 것입니다

저녁노을 같은 그대
내겐 언제나 아름다운 하늘이기에
그대가 보고픈 날,
그리움이 밀려오는 날에는
물빛 하늘에 편지를 띄웁니다

# 차례

**프롤로그**

4 — 사랑을 묻는 그대에게

## 봄바람 불면

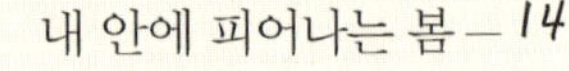

내 안에 피어나는 봄 — 14

봄향기 취하는 사유事由 — 16

봄은 어디쯤에 — 18

일장춘몽一場春夢 — 20

사랑이어라 — 22

춘풍春風에 돛달고 — 23

목련꽃 같은 사랑 — 24

5월의 신부戀新婦 — 26

저녁 강이 저물기 전에 — 28

봄밤, 강변에서 — 30

바람 끝에 서서 — 32

바람이 전하는 말 — 33

봄바람 불면 — 34

# 바다로 가는 그리움

36 — 여름편지
38 — 낙수落水
40 — 구름이 가는 길
42 — 바다로 가는 그리움
44 — 안개꽃 바다
46 — 파도여, 유혹하지 마세요
48 — 장대비
50 — 가끔은 나도
52 — 사랑의 단비
53 — 격정激情
54 — 강물이 마를 때까지
55 — 빗물
56 — 그대는 강물처럼

## 가을, 그대에게 가고 싶다


가을입니다 — 58
가을 꽃씨 — 59
감잎 사랑 — 60
가을, 그대에게 가고 싶다 — 62
그대 창가에 흐르는 국화 향기 — 64
가을 여행 — 66
가을 소망 — 68
가을의 노래 — 70
은행나무 아래서 — 72
오늘도 당신을 — 74
마지막 잎은 지고 — 75
낙엽이란 이름으로 — 76
반추反芻 — 78
가을 속으로 함께 — 79
그대여, 가을이 갑니다 — 80
가을이 아파 오면 — 82

# 겨울 연서

84 — 눈이 오면
85 — 겨울 블루스
86 — 겨울 소묘
88 — 겨울 아침
90 — 12월에도 우리는
92 — 이 겨울에도 안개비가
94 — 그대의 겨울은
96 — 가슴에 북풍北風이 불면
98 — 겨울은 말없이 떠나도 좋다
100 — 겨울 연서戀書
102 — 눈꽃사랑
104 — 상념의 눈발
106 — 겨울이 가고 봄이 오면

## 그대 향기 몹시도 그리운 날에는

아름다운 구속 — 108
살며 사랑한다는 것은 — 110
마음의 산책散策 — 112
그리움 — 114
그리움의 변주變奏 — 115
사랑의 여운 — 116
미련의 강 — 118
그대 향기 몹시도 그리운 날에는 — 120
사랑의 약속 — 122
홀로 여도 좋은 사랑 — 124
여자도 때로는 — 126
사랑한다는 것은 — 127
오늘 같은 날은 — 128
그대는 좋은 사람입니다 — 130

발문/ 서정윤
132 — 시적 몽상의 긍정적 세계관

후기
142 — 「사랑을 묻는 그대에게」를 내놓으며

春

# 봄바람 불면

# 내 안에 피어나는 봄

까마득히 오래 전
무심코 뿌린 꽃씨 하나
소리 없이 가슴에 싹을 틔워
흙 한 줌 없는
메마른 심장 한 켠에
소담히 자란 꽃은
눈부신 봄날보다 아름답다

사랑은 물이던가
마르지도 않고 흘러들어
기름진 옥토를 이루고
뿌리 내려 잎을 만드니
그 사랑이 빛이라면
영원히 지지 않는 태양으로
아침처럼 꽃을 밝히리라

비바람에 흔들려

가녀린 줄기 휘청거려도
꽃잎 가득 화사함은
변치 않을 나만의 행복이니
아, 이 봄날을 어찌할까
더없이 사랑스럽게
내 안에 피어나는 봄, 봄을.

# 봄 향기 취하는 사유事由

숱한 봄이 지나갔건만
숟가락 닳도록 먹어 치운 한 끼처럼
잊혀져 버린 봄에 이유가 있었을까
무정이 병이라면 세월이 약이지
종종 걸음의 행보에 흙먼지 하나 없음이
무에 그리 아쉬울까

그러나 오늘 문득
만개한 벚꽃나무 그늘 아래
분분히 떨어진 세월의 조각들을 만나니
이름 없는 한숨이 몰려오네
아, 나이를 먹으며 무뎌짐이
이토록 사각 한 귀퉁이의 아픔이라니
지나간 봄날의 화사함이
서러운 꽃향기 뿜으며 온 몸을 감싸오네

이제 이쯤에서 이 봄을 세워

반라半裸의 여인 농염한 자태로 다가가
긴 포옹의 밀회를 즐겨 봄은
가 버린 세월을 위로하는
봄 향기 취하는 사유事由로
충분하지는 않을까
사랑하고 싶은 봄, 이 봄을 말야

# 봄은 어디쯤에

어디쯤 오고 있나요
당신이 궁금해
오늘도 기다립니다
혹시 저만치 오는 중이라면
한 번만 살짝 웃어 주세요

얼굴을 몰라도
향기를 알기에
말을 안 해도
들을 수 있기에
설레는 마음 안고
긴 겨울 기다렸습니다

봄이라 말하진 마세요
당신을 알기엔 이미
가슴에 파란 싹 하나로
눈동자에 맺힌 꽃잎 하나로
그것으로 충분하니까요

어디쯤 오고 있나요
오늘은 당신 오는 길목에
꽃향내 가득 쏟아 붓고
하염없이 기다리렵니다
행여 저만치 오는 중이라면
한 번만 활짝 웃어 주세요

# 일장춘몽 一場春夢

햇살 좋은 봄 날씨를 벗하며
회전의자에 앉아 눈을 감아본다
색다른 세상에는
누리지 못한 것들로 가득하다
사랑도 있고 이별도 있고
슬프도록 아름다운 재회도 있다
쫓기듯 달리기도 하고
날개 없이 날아다니기도 하고
울고 싶을 만큼 흠뻑 젖은 사랑도 있다
달콤함과 씁쓸함이 공존한 채로
그러나 정작 아무것도 없다
한바탕 꿈이기에

EHM

# 사랑이어라

바람 앉은 자리에
향기로 둥글어진 하얀 가슴
불씨 지피는 소리에
마른하늘 시린 별 되고
수취인 불명 그대
우체통에 틀어박힌 외로움 함께
쏟아진 별빛 바다로
붉게 떨어질 때
그리워, 그립다고
베고니아 꽃잎으로 채색한 뱃길
살라 먹은 촛불로 하염없이 밝히는
그대 작은 두 손
사랑이어라, 사랑이어라

# 춘풍春風에 돛 달고

가세 가세
살랑살랑 꽃바람 타고
님 찾아 유랑流浪 가세
시름일랑 접어 두고
걱정일랑 동여매고
세상 풍파風波 등져 보세

가세 가세
하늘하늘 꽃향기 타고
님 찾아 유랑가세
사랑일랑 묶어 두고
소망일랑 잡아 두고
세상만사世上萬事 취해 보세

가세 가세
팔랑팔랑 춘풍春風에 돛 달고
님 함께 유랑하세
이별일랑 멀리하고
세월일랑 버려두고
일구월심日久月深 사랑하세

# 목련꽃 같은 사랑

길가에 흐드러진 하얀 목련
어김없이 봄을 노래하는데
부풀어 오른 그리움은
꽃망울 터지듯 하나씩
터져만 간다

활짝 피었다 이내 지고 마는
목련꽃 같은 그대 사랑
고운 향기 어디 두고
하얀 그리움만 남긴 채
이 봄을 애무하는가

봄바람에 휘날려
거리를 수놓는 꽃잎들만
짧은 사랑 긴 기다림의 자태로
어여삐 날아들어
허한 목련꽃 연가를 부른다

EHM

# 5월의 신부 新婦

5월이면 또다시
아름다운 신부新婦이고 싶다
오래 전 수줍던 그 해처럼
어려서 꿈꾸던 순백의 신부로
하얀 드레스 휘감으며 사뿐히
새빨간 양탄자를 만나고 싶다

우리에겐 사랑만 있고
우리에겐 내일만 있는
우리에겐 소망만 있고
우리에겐 오직
우리만 있는 그 곳으로
되돌아갈 수 있도록

세월이 삼켜 버린 아련한 것들
허전하게 가슴을 쓸어내리는
이루지 못한 바램과
발자국 자국마다에 묻어 둔

미명의 소원들을
고스란히 꺼내 버릴 수 있도록

5월이면 또다시
눈부시게 빛나는 신부이고 싶다
예전의 해맑던 그 해처럼
나날이 꿈꾸던 봄날의 신부로
하얀 드레스 움켜잡고
그대 뜨거운 품속에 들고 싶다

# 저녁 강이 저물기 전에

강은 어둠이 내려도 말이 없다
오랜 침묵으로 그저 담담할 뿐
그 사랑이 그랬던 것처럼
수없이 많은 날들을
홀로 외로이 지켜내고 있다

물 한 방울로 태어날 때부터
세상이 다 꺼질 때까지
그저 수많은 이야기만 담은 채
흐르자고 만 한다

햇살 반짝이는 고운 물결에
그림자 지듯 저녁이 내려와
청춘의 아름다움을 가져가도
슬퍼하지 않는다. 그렇게
가장 어수룩한 모습으로
이쯤에서

생의 반편을 내버린 채로
저무는 저녁강의 아름다움을
강바닥까지 붉게 타오르기 전에
말해주고 싶다

아주 많이 사랑스럽다고
그래서 더 사랑하고 싶다고

# 봄밤, 강변에서

우두커니 강 자락에 서면
한 키 건너 저편에 물드는
노란 가로등 불빛
오후에 비치는
블라인드 창살 그림자 모양
강물 위에 나란히 줄을 선다

황금마차에 사랑 실은 전설 바람
봄기운 타고 가슴속살로 저며 들고
밤하늘 박힌 별 눈 속에 휘황한데
'아, 아름다워'
곱씹는 혼잣말이 밉다

도란도란 풀잎들의 속삭임
스르르 구르는 자전거바퀴소리
모두가 먼 메아리일 뿐
그저 황홀한 밤이다

달빛에 반짝이는 은빛물결들
무슨 사연 많다고
저리 곱게 속삭여 대는지
아, 오늘 같은 밤엔
통째로 안은 강변에서
밤새도록 사랑을 하고 싶다

# 바람 끝에 서서

한없이 무너지고 싶은 날
봄바람 부는 언덕에 서서
달려오는 바람을 껴안는다

벼랑 끝에 쓰러진다
벌거벗은 마네킹의 미소
웃어도 기쁘지 않은 희열
뉘어 놓은 자리에 그대로 둔 채
흐트러진 욕심은 허기를 채우고

부피 없는 감정의 무게에
눌린 마음 울어 지쳐
새털 되어 날아가면
또다시 가슴에 바람이 분다

# 바람이 전하는 말

바람이 말한다
바람 한 점 불지 않는 날도
잔잔한 강물의 은빛물결은 흔들려
빛 고운 파장으로 밀려온다고

화려한 봄날의 소나타
거친 파도로 다가온다 한들
예정된 운명을
가로막을 수 있으랴

그 사랑이 천지를 뒤흔들면
바람은 되물으리라
흔들리는 나뭇가지 사이에
어떤 통로가 있는지
어디로 달아날 수 있었는지를

바람은 전한다
바람 한 점 불지 않는 날에도
생의 아름다움은 차올라
끝없는 욕망의 언덕 아래 구르고
꽃들은 이미 피어 흔들리고 있다고

# 봄바람 불면

두 팔을 벌리듯
활짝 열어 놓은 창문
따스한 햇빛을 타고 들어오는
낯설지 않은 바람이
소리 없이 또 가슴을 헤집는다

긴 방랑 끝에 돌아온
바람의 숨결에
따스한 햇살 호흡을 고르고
머물던 자리 다독이면
어느새 파도가 일렁인다

사랑아
봄볕보다 따사로운 사랑아
수평선 출렁이는 봄바람 불면
작고 투명한 창을 넘어
그리움의 바다로 가자

서둘러 달아나 버린
알 수 없는 통증의 뒷모습조차
빛 고운 추억의 한 자락으로
그대처럼 바다 되어
창가에 머물 수 있도록…

# 바다로 가는 그리움

# 여름편지

당신,

당신은 아시는지요
먼발치에서 바라보는 노을이
발 잠긴 강물보다 시리고
스치고 지나가는 향기가
머무는 향기보다 더 향이 짙은 이유를

여름밤이 낮보다 짧아 더 아름다운 까닭을
당신은 아시는지요

어느새 한여름이지만
지나온 터널의 가장자리엔
아직도
사랑이 눈처럼 녹아 내려 얼룩진 겨울인 것을

세월의 강물에 떠도는 부각 같은 미련들
한 개씩 없어지는 포도 알처럼 사라질 때
우리는 덧없이 늙어 가고 있음을

그래서 더 사는 게 아름답다는 것을
당신은 아시는지요

여름이 가기 전에
주소 없이 보내는 편지에
검붉은 포도껍질에 담긴 우리들의 이야기를
담는 이유를
당신, 당신은 아시는지요

# 낙수 落水

떨어지는 건 빗물만이 아니다
단아한 산사山寺 한복판에
물 고여 덩그러니 놓인 돌 항아리
그 속에 담긴 모든 속세의 시름
낙수로 흐를 때
우리의 인생도 함께 흐른다
사랑도 함께
혼탁한 세상도 함께 떨어진다
감각이 다 사라지도록
생을 정제시키면 이런 느낌일지
열반의 세계이건
하느님의 품속이건 그 어디라도
나를 버린 내 안의 세상으로 흐를 수만 있다면
떨어져 사라지는 낙수落水를 사랑하리라
부르지 못할 노래만큼이나
깊은 사랑을…

E H M

# 구름이 가는 길

가자, 가자
하늘에서 못다 가는 길
강물 따라 흘러가자
혼자서는 길을 몰라
갈 수 없는 구름아
강물에 비추며 함께 가자.

가자, 가자
비바람 피해 가는 길
님 따라 따스히 가자
너른 하늘에서 외로워
쓸쓸히 우는 구름아
님 곁에 기대어 편히 가자.

구름아
가자, 가자

시름 많은 세상살이
지난 길 돌아보지 말고
님 따라 사랑 따라
환하게 웃으며 어서 가자.

# 바다로 가는 그리움

상념이 강물처럼 넘치면 바다로 가자
조개껍데기 주워들어 실에 꿰듯
달려가 그리움을 꿰자
캄캄한 바다에 속마음 풀어놓고
맨발로 춤도 추고
훨훨 날아도 보고
그렇게 한 번 그리움에 미쳐 보자
심장이 타 버리도록
가슴이 무너지도록
바다를 껴안아 보자

아픔이 산처럼 쌓이면 바다로 가자
모래에 성을 쌓고 허물어트리듯
달려가 그리움을 무너뜨리자
캄캄한 바다에 세월을 담고
목청껏 노래하고
힘주어 악기를 켜자

그렇게 한 번 사랑을 놓아 보자

어둠이 다 가도록

마음을 다 적시도록

바다를 미워해 보자

# 안개꽃 바다

비가 오면
지상에서 가장 아름다운 안개가
그 바다에 새벽처럼 내린다

수평선을 집어 삼킨 안개
흐린 하늘과 바다를 껴안으면
송알송알 맺히는 물방울은
머리카락 사이에 집을 짓고
알알이 젖은 모래 위엔
이내 허물어질 모래성처럼
지워져 버릴 글자들이 새겨진다

바다는 온통 하얗게
안개꽃처럼 피어나고
가는 빗방울 흩뿌린 모래밭에
가득한 기쁨 수채화로 채색될 때
무모한 사랑의 손끝은
따스한 온기로 데워지고 만다

첫 키스처럼 수줍고 달콤하게

비가 오면
물안개 가득한 바다는 달려와
처음처럼 하얀 사랑을 한다

# 파도여, 유혹하지 마세요

사랑스런 그대
살며시 발목을 감싸며
유혹하지 마세요
당신께 사로잡히면
아무것도 할 수 없어요

언제나 그랬듯이
바다 끝에서 한없이
바라만 보아 주세요
당신의 애무 때문에
마음이 흔들리니까요

사랑스런 그대
하얗게 내미는 손길로
유혹하지 마세요
당신의 따스한 온기에
냉한 가슴 녹아 내려요

언제나, 언제까지나
바다의 끝에서 그렇게
웃어만 주세요
부드러운 출렁임만으로도
사랑의 노래 들리니까요

# 장대비

하루 종일 비가 온다
씻어 줄 무엇이 그리도 많은지
바닥에 구멍이라도 낼 듯
세차게 같은 곳만 내리꽂고 있다

지나간 흔적을 씻어낸다면
버리고 싶은 모든 걸
씻을 수 있다면
차라리 이 비를 맞으리라

인간 오욕의 치부를
모두 씻어줄 수 있다면
인간사 탐욕의 정점에서
조금은 멀리 떠나 올 텐데

오늘만큼은 두 눈을 꼭 감고
거만해진 살덩이에 구멍이 나도록
소리 없는 무욕의 세상에 서서
굵은 장대비를 맞고 싶다

작은 흐느낌도 없이 그렇게

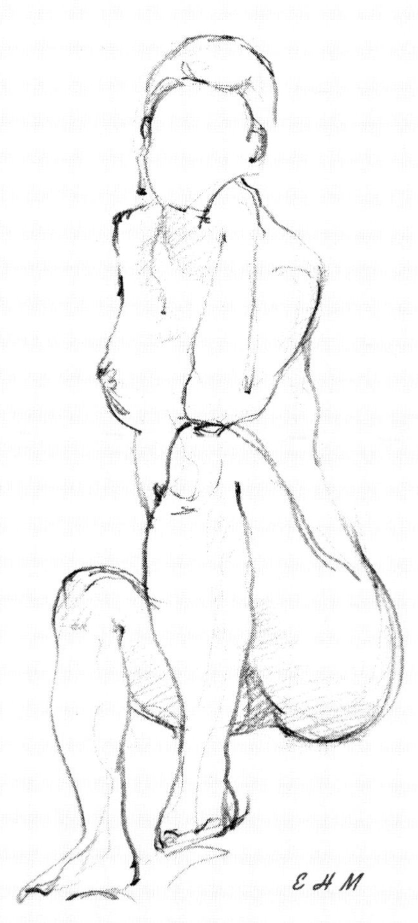
E H M

# 가끔은 나도

가끔은 나도
이름 모를 일몰의 바다 한켠에서
짧은 시어로 다 표현할 수 없는 긴 말들을
줄줄이 매달린 해초의 이파리들처럼
흐르는 물에 풀어 놓고 싶다
가슴 저린 사랑이야기가 아니라도 좋다
살아가는 이야기들 중에
작은 그림 하나 그리고 싶은 얘기라면
수평선이 보이는 너른 바다에 풀어 놓고
출렁일 때마다 행복한 소리로 웃고 싶다

가끔은 나도
가본 적 없는 조그만 항구에서
바윗돌에 널브러진 멍게, 해삼을 바라보며
통통배 소리에 가슴이 들뜬 시인처럼
일탈의 일기에 느낌표를 찍고 싶다
오래 기억될 이야기가 아니라도 좋다
단 한 사람이라도 귀를 기울여

고개를 끄덕이며 잠시 눈을 감아줄 수 있다면
파도소리 철썩이며 달려오는 부둣가에서
하루를 마감해도 행복할 것이다

가끔은, 가끔씩 나도
건조하고 지루한 삶과 동떨어진 곳에서
대책 없이 웃으며 마냥 행복하고 싶다

# 사랑의 단비

하늘이 눈을 감았다
폭신한 구름 위에 누운
바람처럼 가벼운 춤사위의
완벽한 정사情事를 위해

빛을 뒤로 한 사랑은
꽃보다 처절한 아름다움인가
기쁨의 구역을 가늠하는
분주한 마음의 산책

어두운 지상의 등불처럼
환하게, 환하게 밝아온다.
순간 터지는 봇물은
꿈꾸는 하늘의 기쁜 눈물

온종일 비가 내린다
푸른 숲을 적시는 단비
하늘은, 사랑을 하는
하늘은 꿈을 꾸고 있다.

# 격정 激情

쉼표 없이 구르는 웅장한 협주곡
밀물처럼 밀려오는 바다의 소리
마침표 없이 써 내려간 연애소설
폭우로 쏟아지는 하늘의 소리
온 맘을 다 태워야 타오르는 불씨
밤의 미학을 꿈꾸는 땅의 소리

라흐마니노프의 피아노 소리
님이 오시는 소리

# 강물이 마를 때까지

쉼 없이 흐르는 강물이여
멈추지 않는 너의 갈 길에
고장 난 가슴 눌러 담은
내 그리움도 싣고 가렴

가다가다 지치면
질펀한 강바닥 어디쯤
너와 나 만나는 곳에서
먼 산을 바라다봐도 좋으리

사랑도 때론 흐르다 멈추고
이별도 때론 섰다가 가는 걸
속절없는 그리움이라면
가끔은 쉬어 가도 좋으리

서둘러 흐르는 물길이여
끝 간 데 없는 너의 행로에
강물이 마를 때까지
내 그리움도 함께 싣고 가렴

# 빗물

하늘이 무너져 바라볼 수 없는 슬픔
산이 작아져 오를 수 없는 아픔
강이 멀어져 건널 수 없는 상실

아, 가슴을 적시며
두 볼을 타고 흐르는 진한 눈물.

# 그대는 강물처럼

비가 오면
강물처럼 불어나는 마음
까닭도 없이 떠내려간다

넘칠 수 없고
잠길 수 없어
빗물 따라 말없이 흘러
그대에게로 간다

파고드는 숨결처럼
따스해 오는 기억의 세포들
살아 꿈틀거리니
그대, 내게로 오라

사랑의 편린들
흐르는 시간 속에 멈추지만
그대는 강물처럼
영원히 가슴에 흐르나니

비가 오면
강물에 떠오르는 그리움
넘치는 사랑으로 흐른다

秋

# 가을, 그대에게 가고 싶다

# 가을입니다

가을입니다
길가의 코스모스 고개 들어
살랑살랑 가을향기 내뿜으면
하늘엔 온통 파란 그대로 물드는
그리운 계절인가요
스며드는 찬바람이 좋아
두 팔 벌려 창문을 열어 놓는
기다림의 계절인가요

가을입니다
거리에 피어난 들국화 한 송이
고즈넉이 가을소식 전해오면
마음엔 온통 노란 그대로 그득한
향긋한 계절인가요
살뜰한 미소가 넘실거려
두 눈 감고 가슴을 열게 하는
사랑의 계절인가요

아, 아름다운 가을입니다
그대 곁으로 다가서
사랑하고 싶은 나의 계절입니다

# 가을 꽃씨

가슴에 핀 풀꽃 하나 꺾어 들면
저절로 가을인 것을
늘 그렇게
그리움 하나 피어오르면
가을은 시작된다

코스모스도 국화꽃 향기도
계절에 피는 아름다움일 뿐
심장에 피어나는 가을 꽃씨는
꽃보다 더 아름답다

세상에서 가장 슬프고 아름다운 샤콘느에
더 고운 선율을 붙여도
가을이 오는 소리만큼은 못하리라
가슴에 흐르는 애절한 바이올린소리처럼
꽃씨도 소리를 낸다

높은 하늘에 잠긴 그리움이
푸른색으로 떨어질 때
소리 낸 꽃씨는 꽃망울을 터뜨린다

# 감잎 사랑

늙은 감나무 가지에
호박덩이보다 못한 감이 하나 열렸다
그나마 운 좋으면 보드란 손길이라도 받으련만
채 익기도 전에 비바람에 떨어져 뒹굴어지려 한다
싱싱한 감잎 하나가 줄곧 쳐다보며 웃고 있다
거센 비바람에도 끄떡없다는 조롱을 하며
아기 주먹만 한 퍼런 감 열매를 치근덕거린다
가을이 익기도 전에
시퍼런 감 하나 가슴에 시들어 서글프다고
묽은 액체가 푸릇한 볼을 타고 흘러내린다
푸른 잎들은 여전히 성성한데
단풍 닮은 붉은 빛깔 못내 그리워 울고 있다
죄 없는 죄수의 말없는 침묵이 되어
가을은 감나무 가지 끝에서 그렇게 또 시작된다
감잎 하나의 서툰 사랑과
감잎 사랑의 어설픈 몸짓으로
비 오는 창가에 머문 가을 풍경을 그려내고 있다

# 가을, 그대에게 가고 싶다

바람이 전해오는
코스모스의 달콤한 속삭임
숙명처럼 기대어 흔들리는
가녀린 몸짓들의 향연
쏟아져 구르는
유행가 전주곡보다 감미로운
그대, 가을은
사과향기 그득한 사랑이
도처에 익어가는 계절이다

산 너머 그리움의 언덕엔
노처녀 가슴이 농익고
길모퉁이 허전한 구석엔
바람 든 불혹의 심장이
구르다 숨을 멎을
쓸쓸한 계절이기도 하지만
오래 묵은 와인 향기
입술에 붉어지는 그대는

향긋한 계절이다

천지를 진동하는 향기
흠뻑 취하고 싶은 오늘
가을, 그대를 만나고 싶다
멀리, 더 멀리
가까이, 더 가까이
거리를 잴 수 없는
아름다운 가을 사랑을 향해
나 그대에게 가고 싶다

# 그대 창가에 흐르는 국화 향기

어제는 꽃집을 지나가다
무심결에 코끝을 스치는 당신을 느꼈습니다
옴짝달싹 못하는 두 다리는
당신을 향해 이내 뜀박질을 했지요
가슴은 이내 기쁨의 뜨락을 휘저었지만,
닫힌 그대 창문은
떨어진 꽃잎처럼 슬픔에 잠기고 말았습니다

무척이나 국화꽃을 좋아하던 당신 생각에
들국화 한 다발 사 들고 돌아오는 길이
하도 길고 아련해
국화 향만큼이나 향기롭던 당신,
당신이 어제는 참으로 미웠습니다

세월의 강 건너에는
아직도 작은집 창가에 불 밝혀 두지만
별빛을 타고 흐르는 노래가

이토록 애잔히 가슴을 적실 때는
우리의 시간을 어디서부터 돌려야 할지
정말로 모르겠습니다

보고 싶은 당신,
오늘은 당신이 무척이나 그립습니다
부드러운 얼굴로 세상을 다 주겠다며
두 팔을 벌리던 그 미소,
나만을 위해 불러주던 달콤한 그 노래는
이제는 작은 집 창가의 등불 아래 숨어
보이지 않지만, 그래도 오늘만은
또다시 불 켜진 그 창을 바라다봅니다.

국화를 닮아 그윽한 당신,
그대 창가에 오늘은
그토록 시리게 가슴 저린 국화꽃 한 다발,
그 향기, 그 사랑을 선선히 놓아두렵니다

# 가을 여행

흩어지는 구름 사이사이에
심어 놓은 기억의 편린들
어느새 하나씩 내려와
가을 산이 되고 들이 된다

갈색 빛 채 물들기도 전에
성성한 모습으로 내려와
달리는 차창 너머
누런 나뭇잎이 되고 들꽃이 된다

주워든 기억 하나
눈 안에 가둬 둔 채
흔들리는 열차에 몸을 싣고
하늘 저편으로 가을 여행을 떠난다

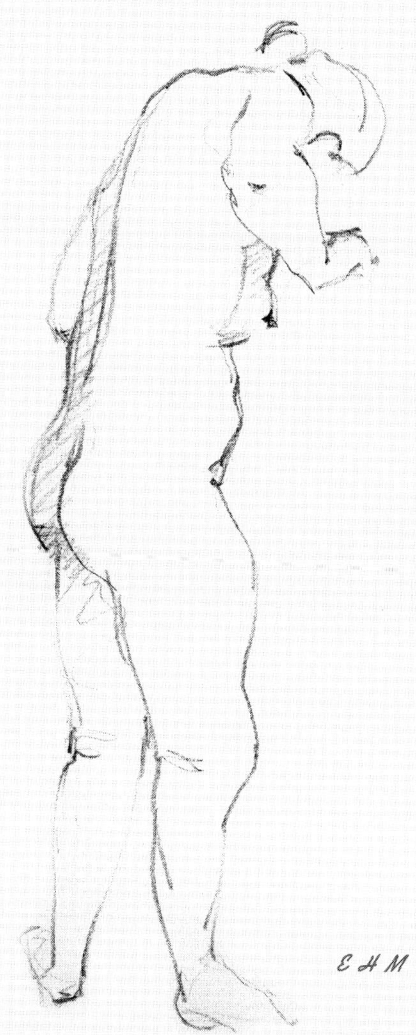
E H M

# 가을 소망

이 가을은
넘치지도 않게
부족하지도 않게
가슴에 담겨진 만큼만 아름다운
그런 계절이고 싶다

가을이라는
피안彼岸의 계절에
아득히 마주하는 생각의 섬 속에서
언제나 함께 있다면
오래도록 행복하리니

내가 너이듯이
네가 나이듯이
가끔은 서로에게 아픈 존재로
그렇게 가을을 앓겠지만
그래도 아름다운 소망으로 살고 싶다

저리게 다가오는 느낌

이 계절을

천천히, 아주 천천히

우리들 가슴에 담아 갔으면 좋겠다

# 가을의 노래

가을은
살포시 눈을 감으면
사랑 노래 들려 준다

가슴에 종을 매단 사랑
짝을 찾아 달려오듯
기쁜 소리로 뛰어온다

사방에 울려 퍼진 메아리
작은 미소만 남겨둔 채
슬며시 달아날 때면

서걱대는 갈대밭에
쓰러진 마음 하나
긴 강물에 밤새 뒤척여도

떨어지는 단풍잎에
흐느끼는 가슴 하나

온종일 거리를 휘날려도

가을은
살며시 눈을 감고
사랑 노래 들려 준다

# 은행나무 아래서

길을 가다
은행나무 아래 멈춰 섰다
떨어진 노란 잎 하나 주워 들자
손끝에 찌릿하게 전해오는 전기
가을이 지는 신호다

어디로 가야 하나
떨어진 낙엽들 속에 서성이는
허기진 그리움의 주소는
여전히 미확인 상태

가야 한다
손끝의 온기 식기 전에
애정이 목마른 그대 찾아
가을이 지는 소리
전해야 한다

찬바람 불어
손끝이 시려 와도
놓지 못하는 나뭇잎 하나
쓸쓸함이 우르르 떨어지는데

아, 어디로 가야 하나

# 오늘도 당신을

까닭 없이 허기가 지는 하루
해지고 어두움 내려 가슴에 닿으면
당신을 생각합니다

저만치 멀어져 가는 시간들
깊은 가을만 남기고 사라질 때
가슴에 내린 그대는
가을보다 깊은 사랑을 남깁니다

당신을 만나는 순간
가슴엔 이미 수많은 시집이 꽂혀
저마다 노래를 부르고
예기치 못했던 순간의 꿈은
혼절한 시가 되어
또다시 시집에 담깁니다

사랑하는 그대
오늘도 당신을 생각하는 동안
그리움은 무장무장 커져
낙엽 되어 산처럼 쌓입니다

# 마지막 잎은 지고

간다
떠나 버린다
남긴 게 없어도
허무하지 않으리

청춘의 꽃잎 보듬고
마른 가지 위에 얹힌
뿌리의 아픔인 채
좇을 수 없는 허공으로
달음박질친다

무엇이 무서워
그리도 휑하니 가는 걸까
바람도 차갑지 않은
어느 봄날의 변주變奏로
다시 오지는 못하리니

안녕
잘 가시게
내 사랑, 나만의 잎사귀여

# 낙엽이란 이름으로

가세요

원 없이 가세요

그대, 낙엽이란 이름으로

지상에서 못 지는 가을 안고

하늘 끝까지 가세요

가거들랑

그대 닮은 마른 한 잎

초봄에 터진 꽃망울보다

한 여름 햇살 아래 푸르름보다

아름다웠노라 말해 주세요

혹여

높디높은 그곳에

함께할 자리 있거든

기쁨 슬픔 모두 타버린

그대 그림자로 따르리다

묻거들랑
봄날 싹튼 가슴
온 여름 다 피우지 못해
정분 난 갈대처럼 서걱대다
따라간다 말할 게요

가세요
원 없이 가세요
그대, 낙엽이란 이름으로
지상에서 못다 진 가을
천상에 고스란히 가지고 가세요

# 반추 反芻

거울에 비친 얼굴
덧없이 쌓인 강가의 연민
붉은색 립스틱
그리고 눈물 한 방울

가을은 가도
가슴에 남을 이름

거울 속에
잔주름처럼 늘어난
세월의 흔적을 묻고
또다시 길을 낸다

긴 호흡을 내쉬고
천천히, 아주 천천히
그 길을 간다
내 아름다운 생을 밟으며

# 가을 속으로 함께

가을이 깊어도
국화꽃 향기를 모르는 넌
아마도 너무 짙어서겠지

가을이 멀어져도
낙엽을 밟지 못하는 넌
아마도 다 부서져서겠지

바람도 너무 불면 멈추는데
사랑이라고 왜 지치지 않으리

그래도 사랑아,
나와 함께
이 가을 다 가기 전에
그 길을 걸어보지 않으련?

가을 속으로 함께
가을로 말야

# 그대여, 가을이 갑니다

사랑하는 사람은
가을에 만나 가을에 이별한다는
가슴에 추억을 두면
한없이 낙엽이 진다는
그대여
당신의 가을이 가고 있습니다

해 질 녘
슬픈 음악을 들으며
끝없이 무너지는 꿈을 꾸어도
한잔 술에 모든 걸 저버려도
결코 버릴 수 없는 것이 있다는
그대여
당신의 가을은 가고 있습니다

바람 앞에
소리 없이 숨어 우는
아름다운 그대,

하늘 그립고 바다 그리운
당신 가슴엔 이 시각에도
속절없이 가을이 가고 있습니다

그대여
당신의 가을을 이대로 보내시렵니까

# 가을이 아파 오면

하늘 잠긴 강물 위에
산山 하나 떠내려간다
아득한 적멸寂滅의 시간
무아無我의 세계를 향해
바람 따라 흘러간다

가라
조금씩 꿈틀대는 산등성이
휘어진 사랑의 골짜기마다
피고 진 꽃의 말言들아
소리 내 울음 울고 가거라

가을이 아파 오면
색색이 등에 진 사연들
긴 강물 위에 풀어 놓고
두둥실 떠가는 꽃잎들처럼
손잡고 함께 가리니

바람 부는 강물 위에
산山 하나 떠내려간다
단단한 사랑의 열쇠
내 안의 세계 다시금 열어 놓고
정처 없이 흘러간다

冬
겨울 연서

# 눈이 오면

눈이 오면
나도 너처럼
하얗게 쌓이고 싶다
다하지 못한 언어
어여삐 가슴에 굴려
하얀 대지 위에
얹혔으면 좋겠다

눈이 오면
너처럼 나도
둥글게 뭉치고 싶다
분분히 흩어지는 마음
꼭꼭 뭉쳐
사랑 앞에 그대로
받게 했으면 좋겠다

눈이 오면
나도 너처럼
온전히 녹아지고 싶다
투명한 햇살에 파묻혀
아낌없이 모조리
녹아 내렸으면 좋겠다

# 겨울 블루스

겨울이 사랑을 한다
바람이 차가울수록
그리운 속정은 깊어만 가고
귓불이 발개질수록
마음은 뜨겁게 달구어진다
여린 나뭇가지에 바람이 숭숭 가고
시린 하늘에 별들이 반짝일 때면
부르지 않은 추위
좁은 품속에 파고들고
내 안에는 온통 그대가 있다
눈을 감고 한 스텝씩 걸으면
아찔하게 다가오는 순간
마음을 온통 뒤흔들어 놓고
귓가에 울려오는 색소폰 소리
차갑게 스며드는 향수냄새에
겨울은 그윽한 사랑을 한다
백설白雪의 뜨락에서
황홀한 블루스를 추고 있다

# 겨울 소묘

추운 날 강가에 나가 보라
강둑 언저리에 앉아 있는 바람
쓸쓸히 웃고 있다
차갑게 굳은 흙더미 속에
묻어 둔 지난날의 잔상들
버려진 먼지처럼 날리지 못해
강 건너 햇살만 물끄러미
바라보고 있다

기다림이 등 뒤를 껴안자
따스함이 전해온다
봄이 올 때까지
긴 강둑의 그리움을 달래고
적막한 강바닥을 바라보며
다시 또 외진 겨울을 가두어 둔다
칼바람 불어와도 두렵지 않으리

추운 날 강가에 나가 보라
시린 강물에 부서진 하얀 햇살
가지런히 춤을 추고
쪽빛 노래 귓가를 속삭이며
한 폭의 수채화로
겨울 풍경은 피어나고 있다

# 겨울 아침

겨울이 왔다
열어젖힌 창문 사이로
비집고 들어오는 바람
손님처럼 들어와 슬며시 던진 미소
한 덩어리 추파에 닭살이 돋는다
밉살스런 인사에
겨울은 묻어오고
창 닫은 실내에는
보글보글 된장찌개가 끓어 넘친다
파 한 쪽 송송 썰어
하얀 눈 송이송이 날리듯 뿌려 본다
고뿔에 달여 먹을 파뿌리 잘라 놓고
창 밖을 내다보니
바람은 어느 새 기침을 하고
어김없이
그리운 이의 아침 식탁에는
겨울이 웃고 있다

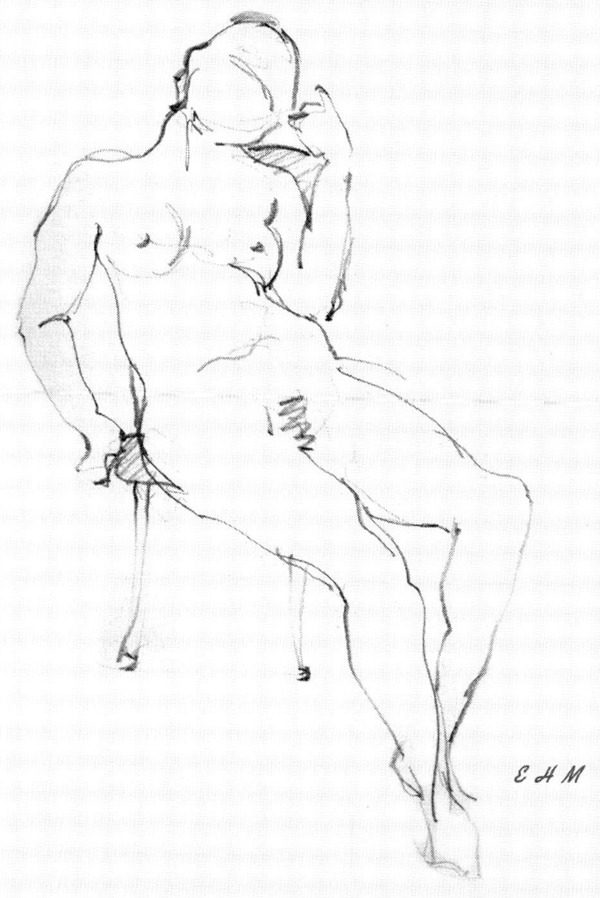
E H M

# 12월에도 우리는

12월에도 우리는
축복이 하얗게 쏟아진 대지처럼
깨끗한 가슴속에
소복이 쌓이는 사랑을 하자

편지처럼 주고받은 정情
허물없이 가슴에 깊어지면
조용히 두드려 세월을 열고
우리들 마음속에
잊혀진 꿈들을 찾아내듯이
어제보다 오늘
오늘보다 내일이 더 아름답게
사랑을 가꾸어 가는 우리가 되자

12월에도 우리는
기쁨이 파랗게 쏟아진 바다처럼
촉촉한 가슴속에
끝없이 출렁이는 사랑을 하자

고름처럼 스며드는 한恨
흔적 없이 가슴에 녹아지면
살며시 눈을 감고 시간을 멈춰
우리들 마음속에
아름다운 소망을 담아내듯이
지나간 세월 잊고 이제는
지금처럼 소중한 내일을 위해
하얗게 아름다운 사랑을 하자

# 이 겨울에도 안개비가

집으로 돌아오는 길목
강 건너 멀리 보이는
공단의 하늘에 회색 구름이 피었다

뿌옇게 보이는 시야에
아스라이 떠오르는 희끄먼 연기
씁쓸한 미소를 날리며
겨울 비 속에서 스쳐 지나는
누군가를 부른다

눈이 와도 비가 되고
바람이 불어도 비가 되는
그 해 겨울에 묻어 둔
버려진 시간들
아련한 잔영殘影되어
촉촉한 젖음으로
소리 없이 내리고 있다

모진 그리움의 잔상으로

집으로 향한 길목의 강가에
흩뿌리듯 내리는 안개비
어제를 지우듯 하염없이 펄렁거리고
저 건너 공단의 하늘엔
뜨지 못한 무지개의 미소만
어두워지는 하늘을 밝히고 있다

이 겨울에도 안개비가 내리고 있다

# 그대의 겨울은

그대의 겨울은
저무는 계절의 끝이 아닙니다
추위에 피어나는 동백꽃처럼
붉은 빛 열정을 몰고 오는
성성한 사랑의 시작입니다

맨발로 눈길을 걸어도
온기를 느낄 수 있고
알몸으로 바람 앞에 서도
떨리지 않는 용기를 갖는
청춘의 시작인 것입니다

그대의 겨울은
잊혀진 계절의 끝이 아닙니다
눈 속에 고여 있는 샘물처럼
깨끗하고 순수한 마음으로 찾아오는
조용한 사랑의 시작입니다

얼음 속에서 물살을 헤치는
물고기의 정적처럼
보이지 않아도 느껴지는
만지지 않아도 알 수 있는
소리 없이 오는 사랑인 것입니다

그대의 겨울은
우리들만의 연정을 꽃피울
피어나는 계절의 시작입니다
아름다운 모습으로 찾아오는
황금빛 사랑의 시작인 것입니다

# 가슴에 북풍北風이 불면

가난한 가슴에 북풍의 칼바람이 불면
떨고 있는 마음 동상凍傷에 갈라지고
시작도 끝도 없는 미명美名의 바람소리에
가슴 속 얼음덩이는 맥없이 부서진다

겨울은 가도 흔적은 남으리니
두려움 없는 가슴에 눈꽃이 피면 알리라
삶은 때론 이별보다도 서러워
마음에 눈꽃을 피워야 평온해진다는 것을

가슴에 북풍北風이 불면 그때는 알리라
삶은 사랑하는 자에게만 아름답다는 것을

E H M

# 겨울은 말없이 떠나도 좋다

다이아몬드처럼 투명하게
햇살이 좋은 날
긴 겨울의 끝을 서성이던
못난 소망이 사라져
가슴이 저미는가

계절에 머물다 떠남이
바람이 왔다 간 체취만큼
가슴 한 편에
허무함을 남기는 건지
예전엔 미처 몰랐다

사랑도 미움처럼
미움도 사랑처럼 하는 거라
떠나는 겨울조차 허무한가

그대, 겨울이여
이제 말없이 떠나도 좋다

기쁨도 슬픔도 모두 가지고
어느 봄날의 꽃밭으로
소리 없이 숨어들어
긴긴날의 그리움을 꽃피거라

내 그리운 사랑처럼
내 어여쁜 소망처럼

# 겨울 연서 戀書

오늘은 당신이
금방이라도 문지방을 넘어
내게로 올 것 같아
온종일 문턱만 바라보다
긴 하루 긴 기다림에 목이 멘
그대가 몹시도 그리운 날입니다

코흘리개 시절의 어느 겨울
새까맣게 그을린 아랫목에
따뜻이 묻어 있던 밥그릇처럼
닿으면 언제나 따스하고 편안하던
당신의 손길이 그리워
눈물날 것 같은 그런 날입니다

세월은 거저 가는 것이 아니라고
누구나 짊어진 인생의 업業을
묵묵히 얼굴에 담아내고 나서야

보내지는 것이라고
말없이 전하던 그 눈빛이
한없이 가슴을 헤집는 날

오늘처럼 추운 날엔
더욱이 보고픈 그대 때문에
온기 없는 펜대에 잉크를 묻혀 보지만
긴 세월 흐려져 초점 없는 그대 눈가에
이제는 힘없는 대답만 가능할 것 같아
떨리는 손끝은 가슴을 저민답니다

어머니~!
하지만 사랑하는 그대
답장이 없어도 괜찮을 당신에게
오늘은 편지를 써보렵니다
이 겨울의 사랑이
땅 끝 어디선가 미련으로 버려진다 해도
행복할 수 있기에

# 눈꽃사랑

흰 눈이 소리 없이 내릴 때 메마른 땅은 온통 기쁨의 텃밭이었습니다

조금씩 젖어드는 가슴 내밀어

사랑의 원뿌리 내리기 위해 아픔의 씨앗 품고 또 품었습니다

눈 속에 피어날 꽃송이를 위해 언 땅을 뚫어야 하는 고통도 잊고

그것이 줄기의 운명이라면 기쁘게 받아들여야 했습니다

처음 만난 하얀 세상은 천국처럼 아름다웠습니다

얼굴을 에워싸며 눈발을 흩날리는 바람은 차라리 행복입니다

기쁨의 순간에도 언제나 슬픔은 함께 했지만

정녕 고귀한 축복이기에

고난 속에 피어난 눈꽃은 참으로 아름답기만 합니다

바라보기조차 아까울 만큼 고귀한 자태

하지만 앞으로 얼마나 더 오래 피어 있을지는 모릅니다

이제 피어난 눈꽃에 곁뿌리를 내리는 아픔이 있다 해도,
곁뿌리가 떨어져 버릴 잎사귀를 품는다 해도 슬프지 않습니다
고귀한 눈꽃으로 피어나 한겨울 내 향기를 준 것으로 충분하니까요
어느 따스한 봄날
흰 눈이 녹아 눈꽃이 져 버린다 해도 오랜 기쁨으로 간직될 것입니다
영영 잊혀질 수 없는 소중한 사랑의 눈꽃이기에

# 상념의 눈발

저녁이 달아나자
유리창 하나를 사이에 두고
창 밖에는 현란하게 몸부림치듯
하얀 눈발들이 휘날린다

어둠 섞인 커피 한잔
모락모락 김 오르며 흩어지듯
줄곧 좌우로 흩어지며
방황하는 눈발들,
울음을 토해 가슴을 쓸어내리는
피아노 선율도 함께
작정 없이 흩어져 날리고 있다

꽂히고 싶은 곳을 향한
낯선 그리움의 현주소,
흩날리는 것들은
어디에 쌓이려고
그리도 몸서리를 치는가

하얀 세상을 달리며
사라지는 눈발 속에
녹아내리는 구차한 삶의 허상들,
그대 그리고 나
눈 내리는 밤
바람에 날리는 눈발 끝에
매달린 상념들이 쓸쓸히 웃는다

# 겨울이 가고 봄이 오면

진실의 허상들이 춤을 추는
흔들리는 인간극장 무대 한 구석에
바보처럼 웅크린 광대
초점 없는 그의 시선이
머무를 곳을 찾을 때 즈음이면
그를 바라보는 또 다른 두 눈에
겨울비가 흩내린다
영하도 영상도 아닌 부적절한 온도로
뿜어내는 물기에 가슴을 적셔
한바탕 젖어들며 녹아진다
겨울이 가면
겨울이 가면 또 다시
광대의 분칠한 얼굴에도
봄이 오는가
왜곡된 진리와 허상의 늪에서
허우적대는 불행한 상처들
그들에게도 희망이 돋을까
겨울이 가고 봄이 오면
그렇게 아름다운 날
향기로운 님의 노랫가락이 울려 퍼질까

# 그대 향기 묻시도 그리운 날에는

# 아름다운 구속

오늘처럼
바라다보는 강물 위에
하늘이 몹시도 출렁이는 날에는
나도 내 안에 너를 가두련다
더는 쓰지 못할 사연까지
고이 접어 담아 둔 채로
때때로 전해오는 사랑
첫날밤 두려움 같은 생소함이지만
내 안에 있는 너
그댄 믿을 수 없는 행복이기에

오늘처럼
올려다본 하늘에
그대 구름처럼 흩어지는 날에는
나도 내 안에 너를 가두련다
더는 읽지 못할 이야기까지
고이 담아 꼭꼭 눌러 논 채로
간간이 전해오는 사랑

선뜻 품을 수 없는 아쉬움이지만
내 안에 있는 너
그댄 언제나 큰 기쁨이기에

아름답게 구속되어 오는 그대
아름답게 구속되어 가는 나를
멀리, 아주 멀리 보낼 때까지는
영영 고운 사랑으로 남고 싶기에

# 살며 사랑한다는 것은

필터 밑으로 걸러 나오는
맑은 헤즐럿 커피 속에선
아주 오래 전의 언어들이
씁쓸한 갈색으로 살아나고

흐릿한 하늘 아래
유유히 흐르는 강물은
소리 없이 웃고만 있는데
투명한 유리창 밖은
어설픈 소음으로 가득하다

살며 사랑한다는 것은
강물이 목적 없이 흐르는 것처럼
무작정 이유 없이 하는 것이기에
뿌연 흔적이 가슴에 있어도
그리움 묻고 살아야 하는 건지

영혼의 깨끗한 시작으로
영혼의 아름다운 끝으로
그렇게 서로를 간직함이
지나친 바램일지라도
지금 이순간만은
코끝을 에이는 커피 향만큼이나
향기롭기를 소망하고 싶다

흐르는 강물이
이토록 짙은 외로움인 줄을
커피 한 잔이 이렇게 쓰다는 것을
아름다운 그대,
그대는 이미 알고 있었는지

# 마음의 산책散策

무수히 많은 날들에

수없이 걸었던 길이건만

길 위에 피어 있는 풀잎 하나

기억할 수 없다

부딪치는 돌멩이 하나에도

가슴 아파하던 애절함은

길 위에 버려 둔 채

걷고 또 걷는다

사랑이란 무엇일까

새벽기차의 기적소리같이

스스로 꺼져 가는 낮달같이

아련히 기쁘고 서글픈 것인가

해질녘 눈 속에 물드는 노을처럼

때론 어둔 밤 스며드는 고독처럼

황홀하고 외로운 것인가

터질 듯 가득한 질문 속에
꺼낼 수 없는 해답을 안고
무거운 발걸음을 잰다
구부러진 오솔길 그 어디쯤에
뒹굴어질 돌멩이 하나 주워 들고
무거워진 손바닥만큼이나
내려앉는 마음을 가라앉히며
길 끝이 보이지 않는 그 길을
오늘도 또 거닐어 본다

# 그리움

어스름 어둠이 어깨를 부딪힌다
그리움만 눈가를 맴돈 채
모든 건 그대로인데
빛은 저 혼자 색깔을 달리하고 있다
뼛속까지
알 수 없는 연민이 차오른다
가슴을 헤집는 불덩이
다 타올라 사그라질 때까지
얼마나 더 기다려야 하는지
어둠은 이미 시야를 뒤덮는데
빛은 자취도 없는데
밤으로 스며든 그리움이
저만치서 애타게 부른다
목이 메이도록

# 그리움의 변주變奏

그리운 것들은 다 악기가 된다
보고 싶은 얼굴도
마주하고 싶은 사랑도
악기 되어 가슴 시린 음악이 된다
손대면 터질 듯이
소리 내며 몸부림치는 낡은 악기들
어제는 비가悲歌를 연주하고
오늘은 사랑을 노래하며
하염없이 쏟아낸다

주제를 놓친 서툰 음악처럼
어설픈 변주變奏라도 좋다
사무치게 그리운 노랫가락 하나
뽑어 낼 수만 있다면
다소곳이 들어주리라
가슴에 새긴 오선지 마디마디
가장 낮은 음역의 그 끝까지
사연을 수놓으며
그리움을 함께 노래하리라

# 사랑의 여운

함께한 시간이 길다 해서
기쁨이 큰 건 아니랍니다
즐거운 순간이 많다 해서
환희가 더 큰 것도 아닙니다
짧은 만남이라도
행복이 작지는 않으니까요
왜냐하면
사랑이 지나간 자리엔
긴 여운이 있기 때문이지요

함께한 시간이 적다 해서
아픔이 작은 건 아닙니다
인연의 사슬이 짧다 해서
슬픔이 작은 것도 아니랍니다
짧은 만남이라도
그리움이 작지는 않으니까요
왜냐하면

사랑이 남겨진 자리엔
기나긴 여운이 있기 때문이지요

사랑은
거를 수 없는 한 끼 식사처럼
무시로 가슴을 헤집고 온다지만
사랑의 여운은
한결같은 향기로 늘 그 자리에
그렇게 놓여 있답니다

# 미련의 강

넘치지 못해 붙들려 있습니까
출렁여 범람하는 그대의 강 어느 유역에
한 자락 적신 옷섶이 차고 시려
초라한 걸음 떼지 못해 서 있습니까

그대여
어리석음이 희디흰 마음의 강을 메워도
부디 용서하소서
기나긴 강둑의 그림자 속에 묻혀
소리 없이 흐느끼는 언어들
한 많은 먼 곳의 연옥煉獄에 잠겨도
그대여, 차라리 용서하소서

그대를 사랑함이
마음 끝으로 치닫는 강바닥이라서
어설피 허우적거리며
수면을 붙드는 지푸라기조차 외면함을
넓디넓은 가슴팍으로 안아 주시리까

미련이 강처럼 밀려와 눈물 넘치는
그대여, 사랑합니다
당신을 간절히 소망하게 하소서

E H M

# 그대 향기 몹시도 그리운 날에는

그리움 쏟아질 것 같은 새벽하늘에는
지난 밤 별들 반짝인 자리 언저리마다
아련히 고여 웃는 꽃 같은 사람이 있습니다
오직 세상에 하나밖에 없는 미소로
찬 공기 가르는 빛줄기 안고
그림자처럼 조용히 다가오는 사람

기억은 밤새 긴 겨울 터널을 지나고
봄은 벌써 내 마음에 찾아들어
추억을 위한 창가에 한줄기 햇살 드리우는데
먼 곳을 향해 신열을 앓는 몸뚱어리는
끓어오를 수 없는 빈 가슴을 구릅니다

보고픈 사람, 그리운 당신이
천상에 한 송이 꽃으로 피어나
어렴풋이 두 눈에 이슬 되어 맺혀 오면
비에 젖으면 젖는 대로, 바람 불면 부는 대로

씻기지도 마르지도 않는 그대 향기 다가와
감은 눈에 구르는 이슬을 훔칩니다

오늘처럼 하늘이 아름다운 날
그대 향기 몹시도 그리운 날에는
영원히 무너지지 않을 새벽하늘에 올라
다소곳한 자태로 어렴풋이 어렴풋이
그대 곁에 지지 않는 한 송이 꽃으로 피어나렵니다

# 사랑의 약속

그래
하늘에 별빛이 많은 건
내일 올 그리움이
햇살이라는 말일 게야

사랑이란 말 대신
미소로 웃고 있는 그 눈짓은
이제는 다가올 수 있다는
약속일 테니
기다릴 수 있지
하염없이

그래
별빛에 기쁨이 넘치는 건
다시 올 그리움이
행복이란 말일 게야

사랑이란 말 대신
살며시 다가오는 그 몸짓은
이제는 스쳐 갈 수 없다는
약속일 테니
붙잡을 수 있지
오래도록

밤하늘 가득한 별들처럼
사랑하게 될 너, 너를 위해서…

# 홀로 여도 좋은 사랑

그대 없는 깊은 밤이면
홀로 깨어 있는 영혼
누군가를 불러 세워
파리한 몸뚱어리 체온을 나누듯
희미한 밀어로 고독을 속삭이고

그대 잠든 외로운 밤이면
달빛 흔들던 환희
자취 없이 사라진 곳에 누워
혼자해도 좋은 사랑
꿈꾸고 싶습니다

하염없이 그리움 깊어지면
내 마음 강물 따라 별빛 따라
바람결에 흘러 흘러
미리 정한 약속처럼 그 곳으로
그대 향해 달려가니

그대 만나 행복한 밤에는
홀로 여도 좋은 사랑
달빛 아래 고요해도
기쁨으로 가득 찬 영혼
밤새 긴 노래 부릅니다

# 여자도 때로는

비틀거리는 세상 속에
흔들리는 마음 전부 쏟아
수채화 물감처럼 섞으면
어떤 그림이 그려질까

함께 있어도 외롭고
같이 있어도 그리울 땐
마실 줄 취할 줄 몰라도
여자도 때로는 취하고 싶다

지독하게 사랑하고 싶은 날
욕망조차 취해 비틀거리면
철철 넘치는 술잔 속에
나를 가두어 너를 만나련다

취해서 흔들릴 수 없는 사랑으로
애증이 무너지도록
때로는 여자도 취하고 싶다
비틀거리는 수채화로

# 사랑한다는 것은

사람을 사랑한다는 것은 어쩌면
바위를 뚫고 나온 풀 한 포기의
강한 집착 같은 노력인지도 모릅니다
기다림의 고통을 감내하는
긴 시간을 동반한 채로 말입니다
한 세상을 살아가는데
건너야 할 강이 있다면
강의 깊이를 재지 말고
강의 길이를 묻지 말고
그대로 유유히 건너야 하듯이
누구를 사랑하기 위해선
누군가를 묻지 않고
누구이기를 원하지 않은 채
그냥 그대로 가슴을 데우며
마음을 껴안아야 하는 일인가 봅니다
사랑한다는 것은
창과 방패의 조화처럼
그대로 어이없는 모순입니다
위험한 게임의 법칙인 것입니다

# 오늘 같은 날은

떠나자
흔들림 없는 곳으로
의미가 혼전混戰하지 않는
저 무아無我의 세계로
홀연히 떠나가자

버릴 것은 버리고
놓아야 할 것은 모두 놓고
훨훨~ 훨훨~
가벼이 날려 보내자
떠나보내자

마음 짐 내려놓고
허공에 발을 디뎌
덩실덩실 춤을 추어 보자
비워진 가슴이
하얗게 부서지도록

가자
오늘 같은 날은
님도 없고 사랑도 없는
저 무욕無慾의 나라로
떠나자, 떠나 버리자

바람에 몸을 싣고
먼지에 삶生을 실어
훨훨~ 훨훨~
소리 없이 흔적 없이
날아가자, 사라져 버리자

오늘 같은 날은
오늘 같은 날은

# 그대는 좋은 사람입니다

깊은 눈빛에 그리움이 싹틀 줄
처음엔 몰랐습니다

돌이켜보면 그대에 대해
아무것도 아는 게 없지만
묻고 싶은 게 너무도 많지만
눈빛에 담긴 사연 하나로
그것만으로 충분하답니다

많은 것을 보아서도
많은 것을 느껴서도 아닙니다
보여진 그대로의 모습으로
그대는 좋은 사람입니다

먼 길을 찾아와
다시 먼 길로 돌아간다 해도
그 길이 멀지 않은

사랑을 이루지 못해도
다시 사랑을 잃는다 해도
그 사랑이 아름다운
그렇게 그대는 좋은 사람입니다

깊은 눈빛에 그리움이 잠길 줄
처음엔 미처 몰랐습니다

**| 발문 |**

# 시적 몽상의 긍정적 세계관

서 정 윤 시인

시는 자유시이든 정형시이든 산문시라고 하더라도 그 나름대로의 리듬을 가지고 있기 마련이다. 우리가 그 시들을 읽을 때 리듬을 타고 흥얼거릴 수 있는 것은 어떤 의미로든 음악성을 지닌다는 말이 될 것이다.

주요한이 「불노리」를 쓰고 창조에 발표하면서 "이로써 우리 시는 음악으로부터 완전히 분리하여 독립하게 되었다."라고 주장하였지만, 시가 언어예술인 이상 언어자체에 있는 리듬감으로부터 완전히 벗어나지는 못한 것이 또한 사실이다.

시라는 것은 원시시대부터 노래로 불리어지던 것이다. 신라시대의 향가나 고려 때의 속요, 조선의 시조나 가사 등 시가의 형태를 지니던 것은 모두 노래로 불리어졌다 할 수 있다. 이것이 자유시가 나오면서 음악에서부터 벗어나 독자적인 길을 가고는 있지만, 많은 뜻 있는 분들에 의해 다시 합하여지는 작업을 하고 있는 것 또한 사실이다.

1987년 소년한국일보의 김수남 사장이 시낭송 전국 투어를 시작한 것이 오늘날 시낭송협회가 생기고 '시낭송가'라는 직함을 가진 사람들이 나와서 활동하게 된 시발점이 되었다고 생각한다. 그러면서 전국에 시낭송가들이 생겨나고, 어떻게 하면 시를 바르게, 그리고 감동적으로 전달할까에 관심을 기울이게 되고, 또 그들은 낭송에 알맞은 시들을 찾게 되기까지 한다. 지금까지의 이미지 중심의 난해한 시들은 그들 나름의 길을 걸었으며, 또 낭송에 좋은 시들은 그들끼리의 길을 걷는, 이런 현상까지 생겨나게 되었다. 이런 관점에서 봤을 때, 김춘경 시인의 시는 시가 가진 현란한 기교보다는 낭송으로 전달되어지는 시에 가깝다고 볼 수 있다. 우선 그의 시를 한 편 보자.

하늘이 눈을 감았다
폭신한 구름 위에 누운
바람처럼 가벼운 춤사위의
완벽한 정사情事를 위해

빛을 뒤로 한 사랑은
꽃보다 처절한 아름다움인가
기쁨의 구역을 가늠하는
분주한 마음의 산책

어두운 지상의 등불처럼
환하게, 환하게 밝아온다.
순간 터지는 봇물은

꿈꾸는 하늘의 기쁜 눈물

온종일 비가 내린다
푸른 숲을 적시는 단비
하늘은, 사랑을 하는
하늘은 꿈을 꾸고 있다.

—「사랑의 단비」 전문

우선 이 시는 눈으로 내가 직접 읽는 것으로도 그 맛을 느낄 수 있지만, 그것보다는 오히려 눈을 감고 다른 사람이 낭송해 주는 것을 편안한 마음으로 들으면서 음미하는 것으로 충분히 그 의미에 빠질 수 있을 것이다. 이렇게 낭송으로 느끼는 시가 곧 김춘경의 시인 것이다.

김춘경 시인의 시에는 인간이 가지는 원초적 그리움이 배어 있다. 이 그리움은 인간적인 그 어떤 것으로는 채워지지 않는, 심연 깊은 곳에서 올라오는 인간 본연의 원초적인 것이다.

긴 방랑 끝에 돌아온
바람의 숨결에
따스한 햇살 호흡을 고르고
머물던 자리 다독이면
어느새 파도가 일렁인다

사랑아
봄볕보다 따사로운 사랑아
수평선 출렁이는 봄바람 불면
작고 투명한 창을 넘어
그리움의 바다로 가자

—「봄바람이 불면」 부분

그의 시 어디를 펼쳐도 선혈처럼 뚝뚝 흐르는 것이 바로 그리움이다. 그런데 가만히 살펴보면, 그 그리움의 대상이 구체적으로 밝혀지는 것이 아니다. 사랑의 대상인가 싶어 살펴보면 딱히 그런 것만은 아닌 것 같고, 또 그렇다고 어떤 종교적 신으로 모시는 것인가 해서 살펴보아도 그런 모습을 보이지 않는다. 하늘의 이쪽에서 저쪽으로 지나가는 바람의 모습이기도 하다가, 또 어느새 다시 보면 서쪽하늘 붉게 물들이며 타오르는 노을의 모습을 하고 서있다. 그대 가슴 싸한 그리움이라고 나도 그 그리움에 젖어 볼라치면, 어느새 붉은 노을빛은 산들 틈에 조금 고여 있다가는 어둠 속으로 사라져버리고는 없다. 어둠 속에서 찾을 수 있는 것은 없다. 그림자조차 어둠 속에서는 나를 배신하고 사라져 버린다.

다음으로 김춘경 시인에게서 찾은 것은 슬픔이다. 삶을 살아가는 사람으로서의 아픔과 시간의 긴 여행을 하는 삶의 여행자로서 하나하나 잃어가는 상실의 아픔, 또한 거기에서 오는 눈물의 흐름 속에서 그는 자신의 삶을 찾고 있는 것이다.

하늘이 무너져 바라볼 수 없는 슬픔
산이 작아져 오를 수 없는 아픔
강이 멀어져 건널 수 없는 상실

아, 가슴을 적시며
두 볼을 타고 흐르는 진한 눈물

—「빗물」 전문

우리가 하루하루 살아가면서 매번 배우고 매번 얻는다지만, 또한 하루하루를 지나며 잃어버리는 것에 대한 애정을 시인은 가지고 있는 것이다. 그 아픔마저도 '안녕 / 잘 가시게 / 내 사랑' 이라고 표현하고 있는 것으로 보아서 시인의 그 고통은 어느 정도 숙성된 것으로 보인다는 말이다.

다음으로 그의 시를 읽고 있으면 사랑이라는 말이 많이 나온다.

수평선을 집어삼킨 안개
흐린 하늘과 바다를 껴안으면
송알송알 맺히는 물방울은
머리카락 사이에 집을 짓고
알알이 젖은 모래 위엔
이내 허물어질 모래성처럼
지워져 버릴 글자들이 새겨진다
〈중략〉

비가 오면
물안개 가득한 바다는 달려와
처음처럼 하얀 사랑을 한다

— 「안개꽃 바다」 부분

당신을 만나는 순간/ 가슴엔 이미 수많은 시집에 꽂혀/ 저마다 노래를 부르고 / 예기치 못했던 순간의 꿈은/ 혼절한 시가 되어/ 또다시 시집에 담깁니다// 사랑하는 그대/ 오늘도 당신을 생각하는 동안/ 그리움은 무장무장 커져/ 낙엽 되어 산처럼 쌓입니다 (「오늘도 당신을」 부분)

우리가 문학 청년시절 가장 쓰기 어려운 단어가 몇 개 있는데 그 중의 하나가 사랑이다. 사랑이라든가, 소녀, 혹은 여인, 또 그리움. 뭐 이런 단어를 쓰면 같은 문학을 하는 친구에게 호된 질책을 받는다.

시에 쓰기 적절한 단어가 아니라는 말이다. 그만큼 추상화가 되어 구체화가 필요한 시에는 쓸 수 없는 단어라는 말이다. 사랑이라면 그 사랑을, 사랑이라는 단어를 쓰지 않고 사랑한다고 표현할 수 있도록 하라고 훈련 받는다. 그런 관념화된 단어들은 시에 적절하지 않다는 것이다. 하지만 문학 수업을 지금까지 오랜 기간 해왔고 또 시집을 두 권씩이나 낸 기성 시인이 그런 것을 몰랐을 리가 없다고 봤을 때, 김춘경 시인은 오히려 관념화, 추상화를 의도적으로 즐긴 것이 아닌가한다. 그것은 시낭송을 하고 있는 시인이기에 가능한 일이라고 사료된다. 사랑의 대상 앞에 한없이 작아지고, 또 어린아이가 되어 애교라도 부리고 싶은 마음인 것이다. 한편 그의 시들을 읽노라면 그리움에서는 희미한 안개 속에 갇혀 있던 그 대상들이 사랑이라는 단어 앞에서는 좀더 구체성을 띠고 살짝 얼굴을 내밀고 있다는 사실이다.

사람을 사랑한다는 것은 어쩌면
바위를 뚫고 나온 풀 한 포기의
강한 집착 같은 노력인지도 모릅니다
기다림의 고통을 감내하는
긴 시간을 동반한 채로 말입니다
한 세상을 살아가는데
건너야 할 강이 있다면
강의 깊이를 재지 말고
강의 길이를 묻지 말고
그대로 유유히 건너야 하듯이
누구를 사랑하기 위해선
누군가를 묻지 않고
누구이기를 원하지 않은 채
그냥 그대로 가슴을 데우며
마음을 껴안아야 하는 일인가 봅니다
사랑한다는 것은
창과 방패의 조화처럼
그대로 어이없는 모순입니다
위험한 게임의 법칙인 것입니다

— 「사랑한다는 것은」 전문

그는 우선 내 삶을 바르게 하고 나서 신 앞에 아주 조심스럽게 서기를 원하는, 종교적으로 본다면 아주 겸손한 생활인이다. 성경책을 가슴에 끼고 믿지 않는 자에게 회개하라고 고함을 치는 광신도보다는, 자신이 가지고 있는 작은 것을 힘들어 하는 이웃의 부엌에 몰래 넣어주는, 그러면서도 이름을 밝히지 않는 진정으로 따스한 마음의 소유자인 것이다. 그래서 그는 세상을 신의 창조물로 보고 또 그 세상을 살아가는 것에 즐거움과 희망을 느낀다.

바람이 말한다
바람 한 점 불지 않는 날도
잔잔한 강물의 은빛물결은 흔들려
빛 고운 파장으로 밀려온다고

화려한 어느 봄날의 소나타
거친 파도처럼 다가온다 한들
예정된 운명을
가로막을 수 있으랴

그 사랑이 천지를 뒤흔들면
바람은 되물으리라
흔들리는 나뭇가지 사이에
어떤 통로가 있는지
어디로 달아날 수 있었는지를

바람은 전한다
바람 한 점 불지 않는 날에도
생의 아름다움은 차올라
끝없는 욕망의 언덕 아래 구르고
꽃들은 이미 피어 흔들리고 있다고

— 「바람이 전하는 말」 전문

이쯤에서/ 생의 반편을 내버린 채로/ 저무는 저녁강의 아름다움을/ 강바닥까지 붉게 타오르기 전에/ 말해주고 싶다 // 아주 많이 사랑스럽다고/ 그래서 더 사랑하고 싶다고 (「저녁 강이 저물기 전에」 부분)

이런 시편들에서 보이는 것은 삶의 긍정적 수용, 그리고 그것들의 시적 표출이다. 김춘경의 시들에는 찌들은 삶의 고통의 모습이 보이지 않는다. 또한 긍정적 세계관은 그것을 읽는 사람의 마음을 훈훈하게 해준다. 우리 삶은 얼마든지 사랑스럽고, 살 만한 가치가 있는 것이라고 말하고 있다. 가장 절망에 빠져 있는 사람에게 나눠줄 수 있는 따스한 사랑이 있다는 말이다. 그만큼 자신의 가슴속에서 사랑이 넘친다는 말이다. 자신도 완전히 채우지 못하면서 남에게 나눠 줄 수는 없기 때문이다.

김춘경 시인의 시를 읽으면서 참 가슴이 따스한 시인이구나 하는 생각을 했다. 그 따스함은 그의 시 곳곳에 나타나 있다. 또한 시낭송을 함께 하는 그의 모습에서도 나타나 있다.

이제는 낭송의 차원과 언어예술 차원 사이에서 어떻게 줄다리기를 잘해서 시의 품격을 더욱 상승시킬 수 있는가, 또한 그런 시를 쓸 것인가 하는 점이 김춘경 시인이 안고 가야 할 과제가 될 것이다. 김춘경 시인의 건필을 빌어본다.

| 후기 |

# 『사랑을 묻는 그대에게』를 내놓으며

사공 김 춘 경

봄, 여름, 가을, 겨울…
사시사철 마르지 않고 흐르는 내 안의 강물
그곳엔 변함없이 사랑이 흐르고
노 젓는 사공의 물길에는 언제나 그리움이 반짝입니다.

햇살, 바람, 눈, 비, 그리고 사람과 사랑…
물길 따라 흘러간 것들을 보내고, 맞이하고,
또 보내야 하는 일은
어쩌면 고단한 삶을 송두리째 그리는 일이라서
저녁노을보다 더 아름다운 것인지도 모릅니다.

끝이 보이지 않는 멀고도 먼 길
밥보다 시를 지음이 더 행복한 이 길을 가면서
이제 두 번째 이정표를 만나
고단함을 잠시 쉬게 하려 합니다.
사랑에 대한 사색과 그리움의 조각들을 모아놓은

사공의 노래를 묶어 시와 낭송으로
또다시 세상에 내놓으며
조심스레 기쁨과 설레임을 내려놓습니다.

『사랑을 묻는 그대에게』를 탄생시키기 위해서
도움을 주신 많은 고마운 분들께 감사드리면서…

특히, 후배에게 큰 격려로 힘을 주신
『홀로서기』의 서정윤 시인님,
첫 시집 때와 마찬가지로
어려운 출판현실에도 불구하고 투자와 지원을
아끼지 않으신 북랜드 장호병 발행인님,
훌륭한 낭송음반을 위해 수고하신
마디스튜디오의 유준상 실장님께
특별히 감사한 마음 전합니다.

또한, 이번에도 표지와 삽화를 위해
미술작품을 제공한 나의 사랑하는 큰딸 효민이에게
앞날에 큰 축복이 있기를 기원하며
모녀가 함께한 기쁨을 감추지 못하며
사랑과 고마움을 전합니다.

끝으로, 늘 묵묵히 곁에서 힘이 되 준
사랑하는 가족과 친지, 그리고 시집을 읽어주실
모든 독자 여러분께도 진심으로 감사드립니다.